RÉPUBLIQUE FRANÇAISE.

MINISTÈRE DE LA GUERRE.

Direction de la Cavalerie; Bureau des Remontes.

Circulaire relative à la remonte des corps de troupe à cheval et des écoles militaires et à la répartition des contingents de remonte pour 1922.

Document applicable aux troupes métropolitaines exclusivement.

Paris, le 7 avril 1922.

CONTINGENTS POUR 1922.

I. — Composition.

Le contingent à livrer en 1922 comprendra :

a) Les chevaux de remonte achetés antérieurement au 1er janvier 1922 existant encore dans les dépôts et annexes et non affectés aux contingents de 1921;

b) Des chevaux de 4 ans à 8 ans inclus, achetés en 1922;

c) Des chevaux de 3 ans de pur sang anglais, arabe ou anglo-arabe ayant un certificat d'entraînement, achetés en 1922.

II. — Affectation des chevaux.

Il sera attribué, sauf pour les chevaux d'armes (tête et troupe) achetés pour les Écoles de Saumur et de Saint-Cyr, à chaque partie prenante, une part proportionnelle de chevaux de 5 ans et au-dessus en tenant compte du type et de la provenance qui conviennent à chaque corps.

Les chevaux de pur sang anglais, arabe ou anglo-arabe seront affectés : aux écoles (conformément aux tableaux annexés à la présente circulaire); aux corps de troupe (cavalerie et artillerie) et à la remonte des officiers d'état-major en les répartissant aussi également que possible entre les corps.

III. — Livraison des chevaux.

Le système qui consiste à conserver les jeunes chevaux des contingents dans les établissements de transition pour les livrer

Remonte.   1

en une seule fois sera appliqué en 1922 aux chevaux achetés à l'intérieur.

Exception à cette règle sera faite seulement pour les chevaux appartenant aux catégories ci-dessous désignées qui, eux, seront livrés directement aux parties prenantes, au fur et à mesure des achats :

1° Les chevaux de carrière et de manège;

2° Les chevaux de 5 ans et au-dessus;

3° Les chevaux de 4 ans de pur sang anglais, arabe ou anglo-arabe (1);

4° Les chevaux de 3 ans de pur sang anglais, arabe ou anglo-arabe ayant un certificat d'entraînement (1);

5° Les chevaux de demi-sang de 4 ans qui ont été soigneusement montés, avoinés et entraînés en vue de certaines épreuves (2);

6° Les chevaux de trait de 4 ans.

Tous les autres chevaux de 4 ans seront conservés dans les établissements de transition et livrés en une seule fois aux parties prenantes.

La livraison des lots de jeunes chevaux aura lieu :

Pour les troupes de l'intérieur : au plus tôt dix jours après l'incorporation du premier contingent de la classe 1922 à une date qui sera ultérieurement fixée;

Pour les troupes de l'armée du Rhin, de la Sarre, et de la tête de pont de Kehl : régiments de cavalerie, du 1er au 20 mai 1922; autres régiments, du 12 au 22 mai 1922.

Les jeunes chevaux, maintenus après les dates fixées dans les établissements de transition pour une cause quelconque épidémie, insuffisance de places dans les corps réceptionnaires, etc...). compteront à l'effectif de leur corps d'affectation au titre desquels ils seront entretenus.

A ce sujet, la suspension des envois de jeunes chevaux de remonte sur les corps ou établissements destinataires ne pourra

---

(1) Les chevaux entiers appartenant à cette catégorie devront être castrés au dépôt et ne seront livrés qu'après complète guérison de la castration.

(2) Ces chevaux seront spécialement signalés aux corps destinataires par les dépôts de remonte livranciers et les chefs de corps devront veiller avec soin à ce que leur dressage soit continué pendant deux ans avec toute la modération que comportent leur jeune âge et la préparation un peu hâtive dont ils ont été l'objet.

être autorisée *que sur un ordre spécial du Ministre, quelle qu'en soit la cause;* cet ordre sera notifié aux dépôts de remonte intéressés par M. le Général inspecteur général permanent des remontes.

Les dépôts acheteurs feront connaître à chaque établissement de transition, pour ce qui le concerne, le nombre de chevaux d'âge envoyés depuis le 1er janvier 1922 à chacun des corps ou fractions de corps dont le contingent doit être livré par ledit établissement de transition. Il devra être apporté la plus rigoureuse exactitude dans la production de ce renseignement.

Tout envoi de chevaux de 4 ans dans les annexes est formellement interdit à partir du 1er mai, ces envois ne pouvant occasionner que des suppléments de frais de transport sans aucun avantage pour la conservation des animaux.

Dans le cas où, à la date fixée pour les livraisons, certains contingents n'auraient pas été complétés en entier, par suite d'un manque de ressources, les dépôts de remonte pourront, à partir de cette date, terminer les livraisons par l'envoi direct aux corps de troupe de chevaux de 4 ans ou au-dessus dont ils disposeraient,

Il sera spécialement rendu compte, et aussi promptement que possible, des cas où l'absence probable de ressources empêcherait de compléter des contingents avant le 31 décembre 1922.

Par suite de considérations budgétaires, les pertes en chevaux provenant de la mortalité survenue parmi les jeunes chevaux affectés à des contingents seront déduites du chiffre de ces contingents; les établissements de transition donneront avis aux corps intéressés des pertes dont il s'agit, au fur et à mesure qu'elles se produiront.

Par contre, les chevaux morts dans les dépôts avant leur affectation à un contingent de remonte ne seront pas diminués des contingents; les dépôts acheteurs compenseront ces pertes en portant en augmentation dans leur commande un nombre d'animaux équivalent, sous la réserve, toutefois, que la dépense nécessaire à l'achat de ces chevaux de remplacement pourra être prélevée sur l'ensemble des crédits alloués au titre de la commande normale de l'exercice.

Les bulletins d'achat de quinzaine qui sont fournis par les dépôts de remonte devront faire ressortir d'une façon distincte le nombre d'animaux qui seront achetés à titre de remplacement de chevaux morts avant leur affectation à un corps de troupe.

Les règles ci-dessus seront intégralement applicables aux livraisons des chevaux destinés à l'armée du Rhin (1) et aux troupes de la Sarre.

Les contingents de chevaux de cavalerie d'Afrique seront livrés aux régiments destinataires de l'Afrique du Nord directement par les dépôts acheteurs désignés aux tableaux joints à la présente circulaire par fractions de dix à vingt chevaux, autant que possible pendant toute l'année.

Remonte des officiers d'état-major. — Le tableau ci-joint contient, avec l'indication des dépôts acheteurs, la répartition, par régiment de cavalerie, des chevaux à acheter pour la catégorie des officiers d'état-major.

Au fur et à mesure des achats et suivant leur âge, ces animaux seront soit envoyés dans les dépôts de transition, soit envoyés directement dans les corps d'affectation.

Dans les deux cas, les pièces de livraison destinées aux corps ou aux établissements réceptionnaires devront toujours porter d'une façon apparente à l'encre rouge : « Chevaux destinés à la remonte spéciale des officiers du service d'état-major. »

Les corps de troupe chargés de l'entretien des animaux de cette catégorie ne devront pas perdre de vue que ces animaux comptent en sus de l'effectif réglementaire du corps. Ils en indiqueront le nombre sur leur situation en chevaux (modèle A) par un renvoi à l'encre rouge.

Remonte des écoles. — Les tableaux joints déterminent également le nombre de chevaux de carrière, de manège, de cuirassiers, de dragons et de légère à recevoir des dépôts de remonte par les écoles militaires au titre des contingents de 1922.

La livraison de ces contingents sera effectuée directement par les dépôts de remonte acheteurs, au fur et à mesure des achats, sauf en ce qui concerne les chevaux d'armes au-dessous de 4 ans, destinés aux écoles, qui seront envoyés dans les annexes de remonte.

Les chevaux de carrière et de manège à diriger sur l'Ecole d'application de cavalerie ou sur l'Ecole militaire de l'artillerie devront, au préalable, avoir été vus et acceptés par l'instructeur en chef d'équitation de l'Ecole intéressée, qui sera prévenu, à cet effet, par les dépôts de remonte livranciers. Ces officiers supérieurs, en cas d'empêchement, pourront être suppléés par un capitaine instructeur.

---

(1) Les tableaux de répartition des jeunes chevaux destinés à l'armée du Rhin seront publiés ultérieurement.

Dispositions particulières à l'École spéciale militaire et à l'École d'application de cavalerie. — Tous les chevaux d'armes (tête et troupe) achetés pour la remonte de ces deux Écoles devront être des chevaux au-dessous de 5 ans; ils seront dirigés sur les dépôts de transition, où ils seront conservés jusqu'en septembre.

La totalité de ce contingent sera fournie à l'École spéciale militaire par l'École d'application de cavalerie qui les recevra des établissements de la remonte pour le compte de cette première École.

Avant leur envoi dans les dépôts de transition, ces chevaux seront indiqués par les commandants des dépôts livranciers comme réservés pour la remonte ultérieure de l'École spéciale militaire. Celle-ci les recevra de l'École d'application de cavalerie l'année suivante, vers le 15 août.

À cet effet, les dépôts livranciers porteront la mention suivante sur les pièces de livraison à laisser à l'établissement réceptionnaire (bordereaux, etc.) : « Cheval désigné pour la remonte ultérieure de l'École de Saint-Cyr. »

Cette mention sera placée en regard du numéro matricule de chaque animal ainsi désigné. Les annexes de remonte indiquées pour conserver les jeunes chevaux destinés à l'École spéciale militaire répéteront cette mention sur les mêmes pièces qu'elles auront à produire lors de l'envoi de ces jeunes chevaux à l'École d'application de cavalerie.

Un tableau spécial indique les dépôts de remonte qui auront à désigner ces chevaux.

Les commandants de ces établissements donneront avis à l'École spéciale militaire des désignations faites pour elle au fur et à mesure de l'envoi des chevaux dans les dépôts de transition.

Chevaux pour les régiments de cavalerie. — Les lots de chevaux de chaque régiment seront, autant que possible, constitués avec des animaux de même type et de la même provenance que ceux jusqu'ici habituellement reçus par ces corps. On tiendra compte, le cas échéant, des desiderata particuliers exprimés par les chefs de corps.

Le contingent de chevaux de tête de chaque régiment comprendra, si possible, un cheval apte à remonter un officier de poids lourd.

Les contingents de chevaux de cavalerie légère devront comprendre quelques chevaux étoffés.

Chevaux pour l'artillerie. — Les dénominations des chevaux de troupe de l'artillerie sont les suivantes :

Chevaux de troupe :

1° Artilleurs-selle;

2° Attelage (batterie de campagne, batterie lourde).

L'artilleur-selle doit avoir toutes les qualités du cheval d selle sous un format compact et près de terre. Quand il n pourra être trouvé avec cette ampleur recherchée, il devra tou jours être au moins un cheval de cadre ou d'agent de liaison

Le cheval d'attelage doit présenter tous les caractères exigé pour un service de traction très caractérisé dans la catégorie laquelle il est destiné.

Son poids minimum dans les batteries de campagne doit êtr de 500 kilogrammes, sa taille ne pas excéder 1^m,61 ni descen dre au-dessous de 1^m,54 sauf dans certaines régions d'élevag très caractérisée.

Tous les attelages de batteries de campagne doivent être fait en porteurs.

L'attelage de batterie lourde doit avoir un poids minimum d 600 kilogrammes, une taille comprise entre 1^m,55 et 1^m, 62.

Entretien de l'effectif des chevaux dans les corps de troupe à cheval. — Les jeunes chevaux conservés dans les établisse ments de transition seront mis en dehors des effectifs des corps ou fractions de corps qui doivent les recevoir et jusqu'au jour de leur livraison, sous réserve de la restriction indiquée à la page 2 (dernier paragraphe).

Il ne doit être apporté aucune exagération dans les réformes et il doit être procédé avec le plus grand discernement aux dé classements de chevaux. Ces déclassements devront être limi tés aux animaux qui, impropres à tout service de guerre, sont cependant susceptibles de faire un bon service de paix; et no tamment le service des capitaines et médecins d'infanterie et des gendarmes, et à ceux qui peuvent être utilisés dans l'artil lerie, le génie, le train ou les équipages régimentaires d'infan terie, conformément aux dispositions du service courant, ar ticle 75.

Lorsque les chefs de corps seront obligés, pour maintenir la moyenne de l'effectif au complet réglementaire, de faire sortir de cet effectif des animaux encore aptes à un service de guerre, il devra en être rendu compte immédiatement, afin que des me sures soient prises pour faire verser cet excédent dans d'autres corps ayant des déficits.

L'attention des chefs de corps est particulièrement appelée

ur l'instruction du 13 novembre 1920, relative à la vente à l'amiable, à des éleveurs, des juments de l'armée reconnues comme non susceptibles d'être conservées pour le service de la troupe, mais aptes à être utilisées comme poulinières (B. O. 1920, n° 48, p. 4331). Toutes les fois que des éliminations quelconques devront être réalisées dans un corps de troupes montées, le chef de corps ne devra pas manquer de faire étudier immédiatement dans quelles conditions les juments qui se trouveraient parmi les animaux à éliminer et aptes à la reproduction pourraient être mises à la disposition des éleveurs conformément à l'instruction susvisée. A cet effet, il se mettra en rapport avec le commandant du dépôt de remonte de son territoire, pour déterminer, en particulier, l'époque à laquelle les juments pourraient être cédées.

Remplacements semestriels des chevaux livrés aux officiers sans troupe d'infanterie et de gendarmerie. — Aux termes des dispositions en vigueur, les chevaux mis en réserve dans les corps de troupe à cheval, pour la remonte des officiers étrangers à ces corps, sont désignés trimestriellement dans chaque régiment de cavalerie et d'artillerie (annexe III de l'instruction du 24 juin 1910, *B. O.*, É. M., vol. n° 69 *ter*).

Il sera rendu compte (bureau des remontes) par des situations numériques semestrielles (modèle D ci-annexé) des livraisons faites à ces parties prenantes pendant les deux trimestres écoulés en déduisant du chiffre de ces livraisons celui des rétrocessions ou réintégrations effectuées par les mêmes parties prenantes pendant la même période.

Ces situations devront parvenir à l'administration centrale pour le 1er avril et pour le 25 septembre.

Les commandants de corps d'armée veilleront à ce qu'il ne soit réintégré aucun cheval susceptible de réforme pour usure, vieillesse ou maladies graves, les animaux qui se trouvent dans ce cas devant être réformés directement par l'autorité militaire, à laquelle il appartient de statuer. Des ordres spéciaux seront donnés pour le remplacement semestriel (avril et octobre) des animaux livrés par les corps à des parties prenantes étrangères en sus du contingent normal porté aux tableaux joints. Ce remplacement sera fait, autant que possible, en chevaux de 5 ans au moins. Ces dispositions s'appliquent aux régiments d'artillerie et de cavalerie.

Les chevaux déclassés, inaptes au service de guerre dans leur arme, livrés aux capitaines et médecins d'infanterie et aux gendarmes, *ne donnent pas lieu à remplacement* et ne doivent pas figurer sur les états semestriels (modèle D). Ils comptent en sus de l'effectif.

Enfin, les chevaux livrés au titre de la catégorie spéciale aux officiers d'état-major ne doivent pas non plus figurer sur l'état D.

Les chevaux dont il s'agit comptent en sus de l'effectif et ils sont spécialement remplacés par des animaux des mêmes catégories.

Livraisons des chevaux. — Tous les mouvements nécessaires pour les livraisons de chevaux prévues par la présente circulaire (sauf l'exception visée au paragraphe suivant) seront réglés, sur la demande des établissements livranciers, par les soins des généraux commandant les régions de corps d'armée sur le territoire desquelles se trouvent ces établissements, sans aucune intervention de l'administration centrale.

Exceptionnellement, les ordres pour la livraison des animaux destinés aux troupes de l'armée d'Orient, de l'armée du Levant et des territoires à plébiscite seront demandés au Ministre (2ᵉ Direction; 2ᵉ Bureau), au fur et à mesure que des lots seront prêts à partir.

Situation trimestrielle. — Les dépôts de remonte devront indiquer, par catégorie d'arme, sur la situation trimestrielle (modèle n° 10) du règlement sur la remonte générale, le nombre de chevaux (tête et troupe) conservés dans chaque établissement de transition au titre des contingents à livrer en mai. Ces renseignements seront établis d'une manière distincte par corps pour chaque dépôt de transition.

Sont annexés à la présente circulaire des tableaux fixant la quotité du contingent à recevoir en 1922, par chaque corps de troupe à cheval, fraction de corps remontée directement (intérieur et Algérie) et par chaque école militaire.

En cas d'insuffisance de ressources dans tel ou tel dépôt de remonte, les contingents à fournir par ce dépôt seront complétés par un autre établissement, autant que possible de la même circonscription, ayant un excédent de ressources et par les soins du commandant de cette circonscription. A défaut. il y sera pourvu d'après les ordres du général inspecteur général permanent des remontes, qui en rendra compte au Ministre.

Régularisation des commandes. — Tous les animaux acquis à l'intérieur et en Algérie-Tunisie, quelle que soit leur destination dernière, seront achetés au titre des crédits prévus aux chapitres respectifs du budget (remonte intérieur et remonte Algérie-Tunisie).

Mais, comme certains de ces animaux sont destinés à l'armée du Rhin à la Sarre, au G. C. O. C. et que des crédits spéciaux sont prévus pour la remonte des troupes de chacun de ces territoires, les dépôts acheteurs de France ou d'Algérie-Tunisie devront se conformer *strictement* aux instructions ci-après :

Tout d'abord il sera entendu que tout animal acheté et affecté à un corps d'un des territoires extérieurs ne sera en aucun cas remplacé au cas de disparition.

Dès qu'un lot suffisant aura pu être réuni pour un des corps portés aux tableaux ci-annexés, et sans attendre que le lot total à fournir, le cas échéant, à ce corps soit entièrement acquis, le dépôt acheteur établira des factures décomptées aux prix d'achat. en doubles expéditions, qui seront *immédiatement* envoyées au corps intéressé pour la prise en charge. On comprendra sur ces factures les animaux éventuellement morts après leur achat et leur affectation au corps.

Ces factures devront être renvoyées *sans délai*, après prise en charge par le corps destinataire au dépôt acheteur, et ce dernier, après vérification de la prise en charge, les transmettra *de suite* au Ministre (2ᵉ Direction; 2ᵉ Bureau).

L'attention des commandants de dépôts et des chefs de corps est appelée tout particulièrement sur ces prescriptions, qui doivent permettre de rétablir aux crédits des chapitres de la remonte (intérieur, Algérie-Tunisie) les sommes dépensées pour les autres chapitres. Tout retard dans la transmission des factures risquerait, en effet, d'épuiser les ressources des deux chapitres intéressés et d'entraver la marche normale des achats.

Sauf ordres contraires, ces dispositions ne s'appliqueront pas aux commandes données pour l'armée du Levant, pour lesquelles des crédits spéciaux seront délégués.

Chevaux achetés en 1922 et appartenant aux contingents à livrer en 1923. — Deux catégories de chevaux achetés à l'intérieur en 1922, appartiennent aux contingents à livrer en 1923, à savoir :

1° Les chevaux de selle de 3 ans que le service des remontes est autorisé à acheter à partir du 15 mars 1922 (exception faite pour les pur-sang anglais, arabes ou anglo-arabes ayant un certificat d'entraînement, qui font partie des contingents à livrer en 1922);

2° Les chevaux de 2 ans, de pur-sang anglais, arabe ou anglo-arabe ayant un certificat d'entraînement que le service des remontes est autorisé à acheter à partir du 1er mai 1922.

Tous ces chevaux seront, au fur et à mesure des achats, affectés aux contingents pour 1923, en prenant pour base les tableaux annexés à la présente circulaire, et ils seront dirigés sur les établissements de transition.

Modèle D.

ᵉ CORPS D'ARMÉE.

ᵉ RÉGIMENT d .

ÉTAT faisant connaître :

1° *Le nombre de chevaux livrés aux officiers sans troupe et d'infanterie (déduction faite des chevaux rétrocédés ou réintégrés par les mêmes catégories d'officiers) ;*

2° *Le nombre des chevaux réformés pendant le semestre écoulé.*

CORPS.	GARNISONS.	NOMBRE DE CHEVAUX livrés aux parties prenantes étrangères au corps (déduction faite des chevaux rétrocédés ou réintégrés par les mêmes parties prenantes). (A)	NOMBRE DE CHEVAUX réformés.	OBSERVATIONS.

(A) Les chevaux déclassés livrés à des capitaines ou médecins d'infanterie, aux gendarmes, ne donnent pas lieu à remplacement et ne doivent pas, par conséquent, figurer sur cet état.

Les corps de cavalerie légère de l'intérieur ne devront faire figurer sur cet état que les chevaux de cavalerie légère proprement dits à l'exclusion des chevaux livrés au titre de la remonte des capitaines d'infanterie, quelle que soit la catégorie à laquelle ils appartiennent.

Les chevaux livrés au titre de la catégorie spéciale aux officiers d'état-major ne doivent pas non plus figurer sur cet état.

Indiquer dans l'annexe ci-contre le détail des livraisons, rétrocessions ou réintégrations faites aux parties prenantes étrangères au corps.

Fait à   , le   19   .

Le Chef de corps.

A M. le Ministre de la guerre (2° Direction, Cavalerie ; 2° Bureau. Remontes).

Cet état devra parvenir :

Le 1ᵉʳ avril, pour les deux trimestres précédents ;

Le 25 septembre, pour les 2ᵉ et 3ᵉ trimestres de l'année courante.

Il sera envoyé au Ministre directement, sans lettre d'envoi (Bureau des Remontes).

DÉTAIL des livraisons faites aux parties prenantes étrangères au corps, et des rétrocessions ou réintégrations faites par les mêmes parties prenantes.

LIVRAISONS.				RÉTROCESSIONS OU RÉINTÉGRATIONS.			
Noms, grades, régiment ou service des parties prenantes.	Date de la livraison.	Numéro matricule du cheval livré.	OBSERVATIONS.	Noms, grades, régiment ou service des officiers qui rétrocèdent ou réintègrent les chevaux.	Date de la réintégration ou de la rétrocession.	Numéro matricule du cheval réintégré ou rétrocédé.	OBSERVATIONS.

RÉGIMENT.	GARNISON.	NOMBRE DE CHEVAUX alloués.		DÉPOTS ACHETEURS.	NOMBRE de CHEVAUX ACHETÉS par chaque dépôt.		ÉTABLISSEMENTS DE TRANSITION dans lesquels seront conservés les jeunes chevaux.
		Tête.	Troupe.		Tête.	Troupe.	
6e cuirassiers	Lyon	2	58	Saint-Jean	1	20	Châteaufer.
				Mâcon	1	38	Mâcon.
9e —	Lyon	2	55	Saint-Jean	1	20	Châteaufer.
				Mâcon	1	35	Mâcon
11e —	Paris	3	55	Caen	2	50	Bec-Hellouin.
				Paris	1	5	Paris.
12e —	Paris	3	57	Caen	1	27	Bec Hellouin.
				Fontenay	2	30	Saint-Varent.
TOTAL des cuirassiers		10	225		10	225	
2e dragons	Lyon	3	83	Mâcon	2	50	Mâcon.
				Tarbes	1	33	Le Garros - Mons
4e —	Castres	2	73	Agen	2	73	Lastours.
6e —	Vincennes	3	78	Caen	2	60	Bec-Hellouin.
				Paris	1	5	Paris.
				Tarbes	1	13	Le Garros. — Bouilhaguet.
8e —	Lunéville	3	50	Caen	1	9	Bec-Hellouin.
				Mérignac	2	50	Bouilhaguet.
				Saint-Lô	1	40	Selles-sur-Cher.
9e —	Epernay	3	59	Tarbes	1	19	Le Garros.
10e —	Montauban	2	68	Agen	2	68	Lastours.
11e —	Colmar	3	59	Mâcon	2	50	Faverney.
				Tarbes	1	9	Le Garros.
12e —	Colmar	3	59	Mâcon	2	50	Faverney.
				Tarbes	1	9	Le Garros.
13e —	Melun	2	54	Saint-Jean	1	54	Châteaufer.
14e —	Saint Etienne	2	68	Mâcon	1	40	Mâcon.
				Arles	1	28	Arles.
16e —	Saint-Germain	3	73	Guéret	3	73	Châteaufer.
20e —	Limoges	2	67	Aurillac	2	67	Mons.
22e —	Pontoise	2	54	Guéret	2	54	Châteaufer.
				Caen	1	40	Bec-Hellouin.
23e —	Meaux	2	54	Tarbes	1	14	Le Garros.
				Saint-Lô	1	30	Saint-Lô.
24e —	Dinan	2	67	Guingamp	1	17	Guingamp.
				Tarbes	1	20	Le Garros
26e —	Dijon	3	59	Saint-Lô	2	40	Selles-sur-Cher
				Tarbes	1	19	Le Garros.
28e —	Metz	3	64	Fontenay	2	50	Saint-Varent.
				Tarbes	1	14	Le Garros.
29e —	Provins	2	83	Saint-Lô	1	40	Selles-sur-Cher.
				Tarbes	2	43	Le Garros.
30e —	Metz	3	64	Fontenay	2	50	Saint-Varent.
				Tarbes	1	14	Le Garros.
31e —	Lunéville	2	59	Caen	1	9	Bec-Hellouin.
				Mérignac	1	50	Bouilhaguet.
TOTAL des dragons		50	1.304		50	1.304	
1er chasseurs	Alençon	3	51	Caen	1	11	Caen.
				Alençon	1	10	Alençon.
				Guéret	2	30	Châteaufer.
2e —	Pontivy	3	61	Guingamp	1	11	Guingamp.
				Angers	1	0	Angers.
				Tarbes	1	50	Le Garros.
3e —	Clermont-Ferrand	3	46	Guéret	3	46	Châteaufer.
				Mérignac	3	51	Bouilhaguet.
5e —	Senlis	3	51	Tarbes	3	46	Le Garros.
				Saint-Lô	1	21	Saint-Lô.
6e —	Lille	3	46	Guéret	2	40	Châteaufer.
7e —	Evreux	3	61	Saint-Jean	1	21	Châteaufer.
8e —	Orléans	3	61	Mérignac	2	40	Bouilhaguet.
11e —	Vesoul	3	56	Agen	3	16	Lastours.
12e —	Sedan	3	66	Agen	3	66	Lastours.
				Aurillac	3	46	Mons.
13e —	Vienne	3	46	Mérignac	3	51	Bouilhaguet.
15e —	Compiègne	3	51	Mérignac	2	50	Bouilhaguet.
16e —	Beaune	3	61	Mâcon	1	11	Mâcon.
17e —	Sarrebourg	3	35	Mérignac	3	36	Bouilhaguet.
18e —	Haguenau	3	34	Mérignac	3	34	Bouilhaguet.
1er hussards	Tarascon	3	61	Aurillac	2	30	Mons.
				Arles	1	31	Arles.
2e —	Tarbes	3	46	Tarbes	3	46	Le Garros.
3e —	Strasbourg	3	36	Tarbes	3	36	Le Garros.
4e —	Rambouillet	3	53	Agen	2	51	Lastours.
				Paris	1	3	Paris.
6e —	Marseille	3	75	Aurillac	2	40	Mons.
				Arles	1	35	Arles.
7e —	Angers	3	46	Fontenay	1	10	Saint-Varent.
				Angers	1	16	Saint Varent.
				Tarbes	2	20	Le Garros.
TOTAL de la légère		60	1.044		60	1.044	

Chevaux destinés à l'entretien de la catégorie spéciale aux officiers d'état-major.

TABLEAU N° II.

RÉGIONS	RÉGIMENTS.	GARNISONS	NOMBRE de chevaux alloués	DÉPOTS ACHETEURS.	NOMBRE de chevaux à acheter par chaque dépôt.	ÉTABLISSEMENTS DE TRANSITION dans lesquels seront conservés les jeunes chevaux.	OBSERVATIONS.
1re	6e chasseurs	Lille	2	Caen	2	Bec-Hellouin.	Les chevaux de la catégorie spéciale aux officiers d'état-major, sont affectés à la région de corps d'armée et non aux régiments dans lesquels ils sont placés.
2e	15e —	Compiègne	1	Caen	1	Bec-Hellouin.	
3e	7e —	Evreux	2	Guéret	2	Châteaufer.	
4e	1er —	Alençon	2	Alençon	2	Alençon.	
6e	9e dragons	Epernay	3	Saint-Lô	3	Selles-sur-Cher.	
—	23e —	Metz	2	Fontenay	2	Saint-Varent.	
—	30e —	Metz	1	Fontenay	1	Saint-Varent.	
7e	11e chasseurs	Vesoul	4	Mâcon	4	Faverney.	
8e	16e —	Beaune	1	Mâcon	1	Mâcon.	Par suite, en cas de changement de garnison, les corps détenteurs passeront les chevaux de cette catégorie, soit aux régiments de cavalerie appelés à leur succéder dans la garnison, soit à un autre corps de cavalerie de la région.
—	26e dragons	Dijon	2	Saint-Lô	2	Selles-sur-Cher.	
9e	7e hussards	Angers	3	Angers	3	Angers.	
10e	24e dragons	Dinan	3	Guingamp	3	Guingamp.	
12e	20e —	Limoges	2	Saint-Jean	2	Saint-Jean.	
13e	14e —	Saint-Etienne	1	Mâcon	1	Mâcon.	
14e	13e chasseurs	Vienne	4	Aurillac	4	Mons.	
15e	1er hussards	Tarascon	2	Arles	2	Arles.	
16e	4e dragons	Castres	4	Agen	4	Lastours.	
20e	18e chasseurs	Haguenau	2	Merignac	2	Bouilbaguet.	
21e	12e dragons	Colmar	1	Mâcon	1	Faverney.	
—	3e hussards	Strasbourg	1	Tarbes	1	Le Garros.	
	TOTAL		43				

Chevaux pour les écoles

ÉCOLES ou ÉTABLISSEMENTS.	GARNISONS.	Carrière.	Manège.	de tête Cuirassiers.	de tête Dragons.	de tête Légère.	de troupe Cuirassiers.	de troupe Dragons.	de troupe Légère.	DÉPOTS DE REMONTE chargés d'acheter et de livrer les chevaux.
…d'application …alerie. …	Saumur (1)	33	12	5	4	»	»	»	»	Caen, Saint-Lô, Alençon, Fontenay, Angers, Saint-Jean, Tarbes, Agen, Mérignac, Mâcon.
…périeure de …	Paris	4	9	»	17	»	»	»	»	Caen, Fontenay, Saint-Jean, Tarbes, Agen, Guéret, Paris.
…militaire de …erie. …	Fontainebleau	30	10	5	10	»	»	15	»	Caen, Saint-Lô, Alençon, Guingamp, Fontenay, Angers, Saint-Jean, Tarbes, Agen, Mérignac, Aurillac, Mâcon, Guéret, Arles, Paris.
…péciale mili…	Saint-Cyr	10	»	»	10	»	»	20	»	Caen, Tarbes, Agen, Mérignac, Aurillac, Mâcon, Guéret.
…militaire du …	Versailles	5	3	1	1	»	»	»	»	Saint-Lô, Paris.
…lit. d'inf…	Saint-Maixent	»	»	»	»	»	»	10	»	Fontenay.
…e militaire…	La Flèche	»	»	»	»	»	»	4	»	Angers.
…généraux..		50	»	»	»	»	»	»	»	Caen, Saint-Lô, Alençon, Fontenay, Angers, Saint-Jean, Tarbes, Agen, Mérignac, Aurillac, Mâcon, Guéret, Paris.
Totaux….		132	34	11	42	»	»	49	»	

Partie droite du tableau (page 19) — NOMBRE DE CHEVAUX A ACHETER (Carrière, Manège, de tête : Cuirassiers, Dragons, Légère ; de troupe : Cuirassiers, Dragons, Légère) ; les colonnes chiffrées, ventilées dépôt par dépôt, sont en grande partie illisibles [illegible]. Totaux : 133 | 34 | 11 | 42 | » | » | 49 | ».

ÉTABLISSEMENTS DE TRANSITION dans lesquels sont conservés les jeunes chevaux au-dessous de 5 ans à livrer ou non : Paris. / Saumur. / Saumur. / Saumur. / Saumur. / Saumur. / Saumur. / Saumur. / Paris. / Paris. / Paris. / Paris. / Paris.

OBSERVATIONS.

(1) Le Comité de Saumur achètera directement 26 chevaux.

(2) Autant que possible de P. S. A[r].

(3) De P. S. anglais.

(4) Dont 1 de P. S. anglais.

(5) Les chevaux seront envoyés à l'École de Saumur qui les livrera ensuite au Prytanée militaire ou à l'École militaire d'infanterie.

RÉGIONS.	RÉGIMENTS.	GARNISONS.	NOMBRE D'ANIMAUX ALLOUÉS.					DÉPOTS ACHETEURS.	NOMBRE D'ANIMAUX A ACHETER par chaque dépôt.					ÉTABLISSEMENTS DE TRANSITION dans lesquels seront conservés les jeunes chevaux.
			Tête.	Selle.	Trait léger.	Trait lourd.	Mulets.		Tête.	Selle.	Trait léger.	Trait lourd.	Mulets.	
1er	15e R. A. C.	Douai	2	7	4	4	»	Caen	2	7	4	»	»	Bec-Hellouin.
								Guingamp	»	»	»	4	»	
	27e R. A. C.	Saint-Omer	2	7	7	3	»	Caen	2	7	7	»	»	Id.
								Guingamp	»	»	»	3	»	
	101e R. A. L.	Douai	2	6	»	9	»	Caen	2	6	»	»	»	Id.
								Guingamp	»	»	»	9	»	
	A la disposition du général commandant l'artillerie du corps d'armée	Douai	2	»	»	»	»	Caen	2	»	»	»	»	Id.
2e	17e R. A. C.	Abbeville	2	7	7	3	»	Caen	2	7	7	»	»	Bec-Hellouin.
								Guingamp	»	»	»	3	»	
	42e R. A. C.	Sedan	2	7	4	4	»	Caen	2	7	4	»	»	Id.
								Guingamp	»	»	»	4	»	
	102e R. A. L.	Laon	2	6	»	9	»	Caen	2	6	»	»	»	Id.
								Guingamp	»	»	»	9	»	
	A la disposition du général commandant l'artillerie du corps d'armée	Laon	3	»	»	»	»	Caen	3	»	»	»	»	Id.
3e	43e R. A. C.	Caen	3	11	9	3	»	Caen	3	11	9	»	»	Caen.
								Alençon	»	»	»	3	»	
	22e R. A. C.	Versailles	2	7	4	4	»	Paris	2	7	4	4	»	Paris.
	103e R. A. L.	Rouen	2	6	»	9	»	Caen	2	6	»	»	»	Bec-Hellouin.
								Alençon	»	»	»	9	»	
	A la disposition du général commandant l'artillerie du corps d'armée	Rouen	2	»	»	»	»	Caen	2	»	»	»	»	Id.
4e	26e R. A. C.	Chartres	2	7	4	4	»	Alençon	2	7	4	4	»	Alençon.
	31e R. A. C.	Le Mans	3	11	9	3	»	Id.	3	11	9	3	»	Id.
	104e R. A. L.	Le Mans	2	6	»	9	»	Id.	2	6	»	9	»	Id.
5e	30e R. A. C.	Orléans	3	11	9	3	»	Angers	3	11	9	3	»	Selles-sur-Cher
	13e R. A. C.	Vincennes	3	11	9	3	»	Paris	3	11	9	3	»	Paris.
	32e R. A. C.	Fontainebleau	6	7	5	5	»	Id.	6	7	5	5	»	Id.
	105e R. A. L.	Joigny	2	6	»	9	»	Angers	2	6	»	9	»	Selles-sur-Cher
	A la disposition du général commandant l'artillerie du corps d'armée	Orléans	3	»	»	»	»	Angers	3	»	»	»	»	Id.
6e	25e R. A. C.	Châlons	7	24	18	9	»	Saint-Lô	7	24	18	»	»	Suippes.
								Guingamp	»	»	»	9	»	
	40e R. A. C.	Châlons	7	24	18	9	»	Saint-Lô	7	24	18	»	»	Id.
								Guingamp	»	»	»	9	»	
	61e R. A. C.	Metz	7	24	18	9	»	Saint-Lô	7	24	18	»	»	Id.
								Guingamp	»	»	»	9	»	
	106e R. A. L.	Camp de Châlons	5	15	»	20	»	Saint-Lô	5	15	»	»	»	Id.
								Guingamp	»	»	»	20	»	
	A la disposition du général commandant l'artillerie du corps d'armée	Metz	4	»	»	»	»	Saint-Lô	1	»	»	»	»	Id.
								Guingamp	»	»	»	2	»	Id.
								Saint-Lô	4	»	»	»	»	
7e	47e R. A. C.	Héricourt	7	24	18	9	»	Faverney	7	24	18	9	»	Faverney.
	4e R. A. C.	Besançon	7	24	18	9	»	Mâcon	7	24	18	»	»	Id.
								Faverney	»	»	»	9	»	
	107e R. A. L.	Belfort	5	15	»	20	»	Mâcon	5	15	»	»	»	Id.
								Faverney	»	»	»	20	»	
	159e R. A. P.	Belfort	1	»	»	2	»	Id.	1	»	»	2	»	Id.
	A la disposition du général commandant l'artillerie du corps d'armée	Belfort	3	»	»	»	»	Mâcon	3	»	»	»	»	Id.
	A REPORTER		104	273	161	173	»		104	273	161	173	»	

RÉGIONS.	RÉGIMENTS.	GARNISONS.	NOMBRE D'ANIMAUX ALLOUÉS.					DÉPOTS ACHETEURS.	NOMBRE D'ANIMAUX A ACHETER par chaque dépôt.					ÉTABLISSEMENTS DE TRANSITION dans lesquels seront conservés les jeunes chevaux.
			Tête.	Selle.	Trait léger.	Trait lourd.	Mulets.		Tête.	Selle.	Trait léger.	Trait lourd.	Mulets.	
		REPORT	104	273	161	173	»		104	273	161	173	»	Mâcon.
8e	48e R. A. C.	Dijon	2	7	7	3	»	Mâcon. Faverney.	2	7	7	3	»	Mâcon.
	1er R. A. C.	Bourges	2	7	4	4	»	Mâcon. Guingamp.	2	7	4	4	»	Châteauter.
	106e R. A. L.	Bourges (camp d'Avord)	2	6	»	9	»	Mâcon. Guingamp.	2	6	»	9	»	Id.
	A la disposition du général commandant l'artillerie du corps d'armée	Dijon	3	»	»	»	»	Mâcon.	3	»	»	»	»	Mâcon.
9e	20e R. A. C.	Poitiers	2	7	4	4	»	Fontenay. Angers.	2	7	4	4	»	Saint-Varent.
	33e R. A. C.	Angers	2	7	7	3	»	Id.	2	7	7	3	»	Angers, Saint-Varent.
	109e R. A. L.	Poitiers	2	6	»	9	»	Id.	2	6	»	9	»	
	A la disposition du général commandant l'artillerie du corps d'armée	Poitiers	2	»	»	»	»	Id.	2	»	»	»	»	Id.
10e	7e R. A. C.	Rennes	2	7	4	4	»	Guingamp.	2	7	4	4	»	Guingamp.
	10e R. A. C.	Dinan	2	7	7	3	»	Id.	2	7	7	3	»	Id.
	110e R. A. L.	Rennes	2	6	»	9	»	Id.	2	6	»	9	»	Id.
	A la disposition du général commandant l'artillerie du corps d'armée	Rennes	1	»	»	»	»	Id.	1	»	»	»	»	Id.
11e	51e R. A. C.	Nantes	2	7	4	6	»	Angers.	2	7	4	6	»	Saint-Varent.
	35 R. A. C.	Vannes	3	11	9	3	»	Guingamp.	3	11	9	3	»	Id.
	111e R. A. L.	Luçon	1	2	»	3	»	Fontenay. Angers.	1	2	»	3	»	Fontenay.
	A la disposition du général commandant l'artillerie du corps d'armée	Vannes	2	»	»	»	»	Guingamp.	2	»	»	»	»	Saint-Varent.
12e	21e R. A. C.	Angoulême	3	11	9	3	»	Saint-Jean. Guingamp.	3	11	9	3	»	Saint-Jean.
	34 R. A. C.	Périgueux	2	7	4	4	»	Saint-Jean. Guingamp.	2	7	4	4	»	Id.
	12e R. A. L.	Angoulême	1	2	»	3	»	Saint-Jean. Guingamp.	1	2	»	3	»	Id.
	A la disposition du général commandant l'artillerie du corps d'armée	Limoges	2	»	»	»	»	Saint-Jean.	2	»	»	»	»	Id.
13e	16e R. A. C.	Issoire	2	7	4	4	»	Aurillac. Guingamp.	2	7	4	4	»	Mons.
	36e R. A. C.	Moulins	2	7	7	3	»	Guéret. Guingamp.	2	7	7	3	»	Châteauter.
	113e R. A. L.	Clermont-Ferrand	2	6	»	9	»	Guéret. Guingamp.	2	6	»	9	»	Id.
	A la disposition du général commandant l'artillerie du corps d'armée	Clermont-Ferrand	2	»	»	»	»	Guéret.	2	»	»	»	»	Id.
14e	2e R. A. C.	Grenoble	2	7	7	3	»	Mâcon. Faverney.	2	7	7	3	»	Mâcon.
	54e R. A. C.	Lyon	2	7	7	3	»	Mâcon. Faverney.	2	7	7	3	»	Id.
	114e R. A. L.	Valence	1	2	»	3	»	Mâcon. Faverney.	1	2	»	3	»	Id.
	1er R. A. M.	Grenoble	2	1	1	»	26	Mâcon. Fontenay.	2	1	1	»	26	Id.
	154e R. A. P.	Grenoble	1	»	»	2	»	Mâcon. Faverney.	1	»	»	2	»	Id.
	6e groupe à cheval	Lyon	2	9	10	»	»	Mâcon.	2	9	10	»	»	Id.
	A la disposition du général commandant l'artillerie du corps d'armée	Lyon	3	»	»	»	»	Mâcon.	3	»	»	»	»	Id.
		A REPORTER	165	419	246	268	26		165	419	246	268	26	

Régions	Régiments	Garnisons	Tête	Selle	Trait léger	Trait lourd	Mulets	Dépôts acheteurs	Tête	Selle	Trait léger	Trait lourd	Mulets	Établissements de transition dans lesquels seron conservés les jeunes chevaux
		REPORT	165	419	256	268	26		165	419	256	268	26	
15e	13e R. A. C.	Orange	2	7	4	4	»	Saint-Jean	2	7	4	»	»	Châteaufer.
								Guingamp	»	»	»	4	»	
	19e R. A. C.	Nimes	2	7	7	3	»	Saint-Jean	2	7	7	»	»	Id.
								Guingamp	»	»	»	3	»	
	115e R. A. L.	Nimes	2	6	»	9	»	Saint-Jean	2	6	»	»	»	Id.
								Guingamp	»	»	»	9	»	
	157e R. A. P.	Nice	1	»	»	2	»	Arles	1	»	»	»	»	Aries.
								Faverney	»	»	»	2	»	
	2e R. A. M.	Nice	2	1	1	»	25	Arles	2	1	1	»	»	Id
								Fontenay	»	»	»	»	25	
	A la disposition du général commandant l'artillerie du corps d'armée	Nimes	2	»	»	»	»	Arles	2	»	»	»	»	Id.
16e	56e R. A. C.	Montpellier	2	7	7	3	»	Fontenay	2	7	7	»	»	Saint-Varent.
								Guingamp	»	»	»	3	»	
	3e R. A. C.	Carcassonne	2	7	4	4	»	Fontenay	2	7	4	»	»	Id.
								Guingamp	»	»	»	4	»	
	116e R. A. L.	Castres	2	6	»	9	»	Fontenay	2	6	»	»	»	Id.
								Guingamp	»	»	»	9	»	
	A la disposition du général commandant l'artillerie du corps d'armée	Castres	2	»	»	»	»	Aurillac	2	»	»	»	»	Mons.
17e	18e R. A. C.	Agen	2	7	4	4	»	Agen	2	7	4	»	»	Lastours.
								Guingamp	»	»	»	4	»	
	23e R. A. C.	Toulouse	2	7	7	3	»	Agen	2	7	7	»	»	Id.
								Guingamp	»	»	»	3	»	
	117e R. A. L.	Toulouse	2	6	»	9	»	Agen	2	6	»	»	»	Id.
								Guingamp	»	»	»	9	»	

Régions	Régiments	Garnisons	Tête	Selle	Trait léger	Trait lourd	Mulets	Dépôts acheteurs	Tête	Selle	Trait léger	Trait lourd	Mulets	Établissements de transition dans lesquels seron conservés les jeunes chevaux
	A la disposition du général commandant l'artillerie du corps d'armée	Toulouse	1	»	»	»	»	Agen	1	»	»	»	»	Id.
18e	24e R. A. C.	Tarbes	2	7	7	3	»	Tarbes	2	7	7	»	»	Tarbes.
								Guingamp	»	»	»	3	»	
	58e R. A. C.	Bordeaux	2	7	4	4	»	Mérignac	2	7	4	»	»	Bouilhaguet.
								Guingamp	»	»	»	4	»	
	118e R. A. L.	La Rochelle	2	6	»	9	»	Fontenay	2	6	»	»	»	Saint-Varent.
								Guingamp	»	»	»	9	»	
	152e R. A. L. V. F.	Bayonne	1	»	»	2	»	Tarbes	1	»	»	»	»	Tarbes.
								Guingamp	»	»	»	2	»	
	A la disposition du général commandant l'artillerie du corps d'armée	Bordeaux	2	»	»	»	»	Mérignac	2	»	»	«	»	Bouilhaguet.
20e	8e R. A. C.	Nancy	7	24	18	9	»	Caen	7	24	18	»	»	Suippes.
								Guingamp	»	»	»	9	»	
	39e R. A. C.	Toul	7	24	18	9	»	Caen	7	24	18	»	»	Id.
								Guingamp	»	»	»	9	»	
	120e R. A. L.	Troyes	5	15	»	20	»	Caen	5	15	»	»	»	Id.
								Guingamp	»	»	»	20	»	
	156e R. A. P.	Toul	1	»	»	2	»	Caen	1	»	»	»	»	Id.
								Guingamp	»	»	»	2	»	
	152e R. A. L. V. F.	Camp de Mailly	1	»	»	2	»	Caen	1	»	»	»	»	Id.
								Guingamp	»	»	»	2	»	
	A la disposition du général commandant l'artillerie du corps d'armée	Toul / Troyes	3 / 1	»	»	»	»	Caen	3	»	»	»	»	Id. / Id.
								Guingamp	1	»	»	»	»	
21e	62e R. A. C.	Épinal	7	24	18	9	»	Saint-Lô	7	24	18	»	»	Suippes.
								Guingamp	»	»	»	9	»	
	12e R. A. C.	Saint-Dié	7	24	18	9	«	Saint-Lô	7	24	18	»	»	Id.
								Guingamp	»	»	»	9	»	
	121e R. A. L.	Chaumont	5	15	»	20	»	Saint-Lô	5	15	»	»	»	Id.
								Guingamp	»	»	»	20	»	
	155e R. A. P.	Strasbourg	1	»	»	2	»	Saint-Lô	1	»	»	»	»	Id.
								Guingamp	»	»	»	2	»	
	3e groupe à cheval	Strasbourg	3	12	12	»	»	Saint-Lô	3	12	12	»	»	Id.
	A la disposition du général commandant l'artillerie du corps d'armée	Strasbourg	4	»	»	»	»	Id.	4	»	»	»	»	Id.
		A REPORTER	252	638	385	418	51		252	638	385	418	51	

RÉGIONS.	RÉGIMENTS.	GARNISONS.	NOMBRE D'ANIMAUX ALLOUÉS					DÉPOTS ACHETEURS.	NOMBRE D'ANIMAUX A ACHETER par chaque dépôt.					ÉTABLISSEMENTS DE TRANSITION dans lesquels seront conservés les jeunes chevaux.
			Tête.	Selle.	Trait léger.	Trait lourd.	Mulets.		Tête.	Selle.	Trait léger.	Trait lourd.	Mulets.	
	REPORT		252	638	385	418	51		252	638	385	418	51	
É. M. P.	À la disposition du génér al commandant l'artillerie du corps d'armée	Paris	4	»	»	»	»	Paris	4	»	»	»	»	Paris.
	1er groupe à cheval	Versailles	2	10	10	»	»	Caen	1	10	10	»	»	Bec-Hellouin.
								Paris	1	»	»	»	»	Id.
	2e groupe à cheval	Vincennes	2	10	10	»	»	Saint-Jean	2	10	10	»	»	Châteaufer.
	TOTAL		260	638	405	418	51		260	638	405	418	51	

RÉGIMENTS.	GARNISONS.	NOMBRE DE CHEVAUX ALLOUÉS.			DÉPÔTS ACHETEURS.	NOMBRE DE CHEVAUX A ACHETER par chaque dépôt.			ÉTABLISSEMENTS DE TRANSITION dans lesquels seront conservés les jeunes chevaux.
		Selle tête.	Selle troupe.	de trait.		Selle tête.	Selle troupe.	de trait.	
Corps de troupe de l'intérieur.									
1er régiment	Versailles	2	1	2	Paris	2	1	2	Paris.
2e —	Montpellier	1	»	2	Fontenay	1	»	2	Saint-Varent.
					Guingamp	1	»	»	
	Rouen	1	»	»	Caen	1	1	2	Bec-Hellouin.
3e —	Arras	1	1	2	Caen	1	»	2	Bec-Hellouin.
					Alençon	»	1	2	
4e —	Grenoble	1	1	2	Mâcon	1	1	2	Mâcon.
5e —	Versailles	1	»	2	Paris	1	»	2	Paris.
6e —	Angers	1	1	3	Angers	1	1	3	Angers.
					Arles	1	1	»	Arles.
7e —	Avignon	1	1	3	Faverney	1	»	3	Selle-sur-Cher.
8e —	Tours	8	1	15	Angers	8	1	15	Suippes.
9e —	Metz	2	1	2	Saint-Lô	2	1	2	Suippes.
					Guingamp	»	»	2	
10e —	Toul	1	1	2	Caen	1	1	2	Suippes.
					Guingamp	1	»	2	
11e —	Strasbourg	1	»	5	Saint-Lô	1	1	»	Suippes.
					Saint-Lô	»	»	»	Suippes.
	Epinal	»	»	»	Guingamp	1	»	1	Faverney.
30e bataillon	Besançon	1	»	1	Mâcon	1	»	»	Suippes.
					Caen	1	»	1	
48e —	Toul	1	»	1	Guingamp	»	»	1	
TOTAUX		24	9	45.		24	9	45	

ESCADRONS.	GARNISONS.	NOMBRE DE CHEVAUX ALLOUÉS.				DÉPOTS ACHETEURS.	NOMBRE DE CHEVAUX A ACHETER par chaque dépôt.				ÉTABLISSEMENTS DE TRANSITION dans lesquels seront conservés les jeunes chevaux.
		Tête.	Selle troupe.	Trait léger.	Trait lourd.		Tête.	Selle troupe.	Trait léger.	Trait lourd.	
1er escadron	Lille	1	3	2	2	Caen Alençon	1 »	3 »	» 2	» 2	Bec-Hellouin.
2e —	Amiens	1	3	2	2	Caen Alençon	1 »	3 »	» 2	» 2	Bec-Hellouin.
3e —	Vernon	1	2	2	1	Caen Alençon	1 »	2 »	» 2	» 1	Bec-Hellouin.
4e —	Chartres	1	2	2	1	Alençon	1	2	2	1	Alençon.
5e —	Orléans	1	2	2	1	Angers	1	2	2	1	Selles-sur-Cher.
6e —	Camp de Châlons	1	2	2	2	Saint-Lô Guingamp	1 »	2 »	» 2	» 2	Suippes.
	Metz	1	5	2	3	Saint-Lô Guingamp	1 »	5 »	» 2	» 3	Suippes.
7e —	Dôle	1	5	2	2	Faverney	1	5	2	2	Faverney.
8e —	Dijon	1	2	2	1	Faverney	1	2	2	1	Faverney.
9e —	Châteauroux	1	2	2	1	Angers	1	2	2	1	Selles-sur-Cher.
10e —	Fougères	1	2	2		Guingamp	1	2	2	1	Guingamp.
11e —	Nantes	1	3	2	2	Angers	1	3	2	2	Saint-Varent.
12e —	Limoges	1	2	2	1	Saint-Jean Guingamp	1 »	2 »	» 2	» 1	Saint-Jean.
13e —	Clermond-Ferrand	1	2	2	1	Guéret Guingamp	1 »	2 »	» 2	» 1	Château'er.
14e —	Lyon	2	5	4	5	Mâcon Faverney	2 »	5 »	» 4	» 5	Mâcon.
15e —	Marseille	2	5	4	5	Arles Faverney	2 »	5 »	» 4	» 5	Arles.
16e —	Lunel	1	2	2	1	Arles Faverney	1 »	2 »	» 2	» 1	Arles.
17e —	Montauban	1	2	2	1	Agen Guingamp	1 »	2 »	» 2	» 1	Lastours.
18e —	Bordeaux	1	3	2	4	Mérignac Guingamp	1 »	3 »	» 2	» 4	Bouilhaguet.
19e —	Paris	4	13	8	9	Paris	4	13	8	9	Paris.
20e —	Nancy	1	3	3	3	Caen Guingamp	1 »	3 »	» 3	» 3	Suippes.
21e —	Épinal	1	2	2	1	Saint-Lô	1	2	2	1	Suippes.
	Strasbourg	1	4	3	2	Saint-Lô Guingamp	1 »	4 »	» 3	» 2	Suippes.
TOTAUX		28	78	58	52		28	78	58	52	

RÉGIMENTS.	GARNISONS.	NOMBRE D'ANIMAUX alloués.		DÉPÔTS ACHETEURS.	NOMBRE D'ANIMAUX à acheter par chaque dépôt.		OBSERVATIONS.
		Chevaux.	Mulets.		Chevaux.	Mulets.	
39e régiment d'infanterie	Rouen	3	»	Alençon	3	»	
129e —	Le Hàvre	2	»	Id.	2	»	
117e —	Le Mans	9	»	Id.	9	»	
121e —	Laval	12	»	Guingamp	12	»	
130e —	Mayenne	14	»	Id.	14	»	
104e —	Paris	5	»	Paris	5	»	
4e —	Auxerre	4	»	Id.	4	»	
31e —	Paris	3	»	Id.	3	»	
46e —	Paris	3	»	Id.	3	»	
131e —	Orléans	10	»	Angers	10	»	
33e —	Belfort	5	»	Mâcon	5	»	
148e —	Mulhouse	5	»	Id.	5	»	
27e —	Dijon	»	2	Id.	»	2	
17e tirailleurs	Chalon-sur-Saône	»	3	Id.	»	3	
22e régiment d'infanterie	Châtellerault	6	4	Fontenay	6	4	
77e —	Cholet	2	2	Id.	2	2	
20e —	Châteauroux	6	»	Angers	6	»	
114e —	Saint-Maixent	8	»	Id.	8	»	
125e —	Poitiers	1	»	Id.	1	»	
135e —	Angers	1	»	Id.	1	»	
41e —	Rennes	8	»	Guingamp	8	»	
71e —	Saint-Brieuc	8	»	Id.	8	»	
49e —	Brest	2	»	Id.	2	»	
62e —	Lorient	2	»	Id.	2	»	
64e —	Amiens	1	»	Paris	1	»	
65e —	Nantes	2	»	Angers	2	»	
118e —	Quimper	2	»	Guingamp	2	»	
137e —	Fontenay-le-Comte	3	»	Fontenay	3	»	
50e —	Périgueux	7	»	Guingamp	7	»	
78e —	Guéret	1	»	Guéret	1	»	
126e —	Brive	2	»	Aurillac	2	»	
3e —	Hyères	9	»	Id.	9	»	
112e —	Antibes	2	»	Id.	2	»	
141e —	Marseille	2	»	Arles	2	»	
40e —	Nimes	6	»	Guingamp	6	»	
173e —	Bastia	3	»	Alos	3	»	
143e —	Castelnaudary	2	4	Aurillac / Agen	2	4	
15e —	Albi	»	3	Agen	»	3	
16e —	Béziers	3	»	Aurillac	3	»	
122e —	Rodez	3	»	Id.	3	»	
7e —	Cahors	2	»	Id.	2	»	
14e —	Toulouse / Pamiers	6	2	Aurillac / Agen	6	2	
83e —	Toulouse	4	»	Guingamp	4	»	
88e —	Auch	3	2	Aurillac / Agen	3	2	
57e —	Rochefort	4	»	Saint-Jean	4	»	
123e —	La Rochelle	2	2	Id.	2	2	
144e —	Bordeaux	5	»	Mérignac	5	»	
15e tirailleurs sénégalais	Mont-de-Marsan	9	1	Id.	9	1	
	Libourne	8	1	Id.	8	1	
49e régiment d'infanterie	Bayonne	1	»	Id.	1	»	
18e —	Pau	1	1	Id.	1	1	
27e tirailleurs algériens	Toul	»	9	Paris	»	9	
37e régiment d'infanterie	Lunéville	»	2	Id.	»	2	
146e —	Saint-Avold	»	2	Id.	»	2	
153e —	Sarreguemines	»	6	Id.	»	6	
156e —	Morhange	»	2	d.	»	2	
26e tirailleurs algériens	Morhange	»	»	Id.	»	»	
TOTAUX		212	48		212	48	

RÉGIMENTS.	GARNISONS.	NOMBRE DE CHEVAUX alloués. Trait.	DÉPOTS ACHETEURS.	NOMBRE DE CHEVAUX à acheter par chaque dépôt. Trait.
1er régiment d'aérostation	Versailles	1	Paris	1
1er régiment d'aérostation, 68e compagnie d'aérostiers	Cosne	1	Paris	1
2e régiment d'aérostation	Toulouse	1	Guingamp	1
1er groupe d'ouvriers d'aviation, bastion 71, boulevard Victor	Paris	5	Paris	5
14e section d'ouvriers d'aviation	Istres (Bouches-du-Rhône)	1	Faverney	1
1er régiment d'aviation	Thionville	1	Faverney	1
2e — —	Strasbourg	1	Guingamp	1
11e — —	Metz	1	Guingamp	1
21e — —	Malzéville (Meurthe-et-Moselle)	1	Guingamp	1
31e — —	Tours	1	Angers	1
35e — —	Bron (Rhône)	1	Faverney	1
TOTAL		15		

Cavalerie (Algérie-Tunisie).

RÉGIMENTS.	GARNISONS.	NOMBRE DE CHEVAUX ALLOUÉS.		DÉPOTS ACHETEURS.	NOMBRE DE CHEVAUX A ACHETER par chaque dépôt.		OBSERVATIONS.
		Selle tête.	Selle troupe.		Selle tête.	Selle troupe.	
3e chasseurs d'Afrique	Constantine	3	50	Constantine	3	50	POUR MÉMOIRE. *Étalons.*
4e —	Tunis	4	120	Blida	»	40	Blida.......... 25
5e —	Alger	3	30	Constantine	4	60	Mostaganem .. 25 (1)
6e —	Mascara	3	100	Tébourba	»	20	Constantine.. 25
				Blida	3	30	Tébourba...... 14
				Blida	»	28	———
				Mostaganem	3	72	89
Totaux		13	300		13	300	(1) Le dépôt de Mostaganem n'aura à acquérir que 24 étalons, 1 étalon de pur-sang arabe, devant être acquis aux haras de France.
1er spahis	Médéa	3	40	Blida	3	40	
2e —	Tlemcen	3	70	Mostaganem	3	70	
3e —	Batna	3	80	Constantine	3	80	
4e —	Sfax	3	50	Tébourba	3	50	
5e —	Sidi-Bel-Abbès	3	60	Mostaganem	3	60	
6e —	Aumale	3	11	Blida	3	11	
Totaux		18	311		18	311	

Artillerie (Algérie-Tunisie). TABLEAU Nº X.

RÉGIONS.	RÉGIMENTS.	GARNISONS.	NOMBRE DE CHEVAUX ALLOUÉS.				DÉPOTS ACHETEURS.	NOMBRE DE CHEVAUX A ACHETER par chaque dépôt			
			Tête.	Selle.	Trait.	Mulets		Tête.	Selle.	Trait.	Mulets
Alger	1ᵉʳ groupe	Blida	2	3	7 (1)	7	Blida	2	3	»	7
							Guingamp	»	»	7	»
Oran	2ᵉ —	Oran	2	3	7 (1)	7	Mostaganem	2	3	»	7
							Guingamp	»	»	7	»
Constantine	3ᵉ —	Constantine	2	3	6 (1)	8	Constantine	2	3	»	8
							Guingamp	»	»	6	»
Tunisie	5ᵉ —	La Manouba	2	3	7 (1)	7	Tébourba	2	3	»	7
							Guingamp	»	»	7	»
	TOTAUX		8	12	27 (1)	29	TOTAUX	8	12	27	29

(1) Chevaux de trait hongres à acheter en France.

Génie (Algérie-Tunisie). TABLEAU Nº XI.

RÉGIMENTS.	GARNISONS.	NOMBRE DE CHEVAUX ALLOUÉS.				DÉPOTS ACHETEURS.	NOMBRE DE CHEVAUX A ACHETER par chaque dépôt.			
		Selle tête.	Selle troupe	Trait.	Mulets		Selle tête.	Selle troupe	De trait.	Mulets
19ᵉ Bataillon	Hussein Dey	2	1	2 (1)	5	Blida	2	1	»	5
						Guingamp	»	»	2	»
29ᵉ Bataillon	Bizerte	1	1	1 (1)	2	Tebourba	1	1	»	2
						Guingamp	»	»	1	»
	TOTAUX	3	2	3 (1)	7		3	2	3	7

(1) Chevaux de trait hongres à acheter en France.

Train des équipages militaires (Algérie–Tunisie).

TABLEAU Nº XII.

ESCADRONS.	GARNISONS.	NOMBRE D'ANIMAUX ALLOUÉS.				DÉPOTS ACHETEURS.	NOMBRE D'ANIMAUX À ACHETER PAR CHAQUE DÉPOT.			
		Chevaux.			Mulets.		Chevaux.			Mulets.
		Tête.	Selle.	Trait.			Tête.	Selle.	Trait.	
27e	Alger	1	1	1 (1)	7	Blida	1	1	»	7
						Guingamp	»	»	1	»
	Médéa	»	»	1 (1)	7	Blida	»	»	1	7
						Guingamp	»	»	»	»
28e	Oran	»	1	1 (1)	7	Mostaganem	»	1	»	7
						Guingamp	»	»	1	»
	Colomb-Béchar	»	»	1 (1)	7	Mostaganem	»	»	1	7
						Guingamp	»	»	»	»
25e	Constantine	1	1	1 (1)	7	Constantine	1	1	»	7
						Guingamp	»	»	1	»
	Sétif	»	»	1 (1)	7	Constantine	»	»	1	7
						Guingamp	»	»	»	»
26e	Tunis	1	1	2 (1)	15	Tébourba	1	1	»	»
						Constantine	»	»	2	15
						Guingamp	»	»	»	»
	Gabès	»	»	»	8	Tébourba	»	»	»	8
	TOTAL	3	4	8 (1)	65		3	4	8	65

(1) Chevaux de trait hongres à acheter en France.

RÉGIMENTS.	GARNISONS.	NOMBRE DE MULETS alloués.	DÉPOTS ACHETEURS.	NOMBRE DE MULETS à acheter par chaque dépôt.	OBSERVATIONS.
Division d'Alger.					
9ᵉ zouaves	Alger	1			
1ᵉʳ tirailleurs	Blida	1	Blida	5	
5ᵉ tirailleurs	Maison-Carrée	1			
9ᵉ tirailleurs	Miliana	2			
Division d'Oran.					
8ᵉ zouaves	Oran	4			
2ᵉ tirailleurs	Mostaganem	4			
6ᵉ tirailleurs	Tlemcen	2	Mostaganem	19	
10ᵉ tirailleurs	Oran	4			
1ᵉʳ étranger (bataillons à pied)	Sidi-bel-Abbès	5			
Division de Constantine.					
3ᵉ zouaves	Constantine	3	Constantine		
3ᵉ tirailleurs	Bone	4	Constantine	16	
7ᵉ tirailleurs	Constantine	3	Constantine		
11ᵉ tirailleurs	Sétif	6	Constantine		
Division de Tunisie.					
8ᵉ tirailleurs	Tunis	2	Tébourba	2	
2ᵉ brigade	Sousse	6	Tébourba	6	
TOTAL		48		48	

RÉGIMENTS.	GARNISONS.	NOMBRE D'ANIMAUX ALLOUÉS.		DÉPOTS ACHETEURS.	NOMBRE D'ANIMAUX A ACHETER par chaque dépôt.	
		Chevaux de trait.	Mulets.		Chevaux de trait.	Mulets.
Groupe d'aviation de Tunisie............	Tunis..................	»	1	Constantine.............	»	1
36ᵉ régiment d'aviation................	Alger..................	1 (1)	»	Guingamp...............	1	»
		1 (1)	1		1	1

(1) Cheval de trait hongre à acheter en France.

37

RÉGIMENTS.	GARNISONS.	NOMBRE D'ANIMAUX A LIVRER.				DÉPOTS ACHETEURS.	NOMBRE D'ANIMAUX A ACHETER par chaque dépôt.				ÉTABLISSEMENTS DE TRANSITION dans lesquels seront conservés les jeunes chevaux de selle.	OBSERVATIONS.
		Selle tête.	Selle troupe.	Trait léger.	Mulets.		Selle tête.	Selle troupe.	Trait léger.	Mulets.		
Infanterie. { 163º......	Sarrebruck.	»	4	18	7	Mâcon......	»	4	18	7	Faverney.	
9º B. C. P.	Soulzbach..	»	2	9	4	id.	»	2	9	4	id.	
18º B. C. P.	Sarrebruck.	»	1	8	3	id.	»	1	8	3	id.	
	TOTAL...	»	7	35	14	TOTAL...	»	7	35	14		
Cavalerie.. { 3º dragons.	Sarrelouis.	3	61	»	»	Angers.....	3	61	»	»	Selles-sur-Cher.	
	TOTAL...	3	61	»	»	TOTAL...	3	61	»	»		
Artillerie.. { 56º R. A. 8º groupe.	Sarrebruck.	1	7	30	»	Mâcon...... Guingamp..	1 »	7 »	» 30	» »	Faverney.	
	TOTAL...	1	7	30	»	TOTAL...	1	7	30	»		
Génie...... { 10º génie. 7º Compⁿ.	Sarrebruck.	1	1	2	»	Mâcon......	1	1	2	»	id.	
	TOTAL...	1	1	2	»	TOTAL...	1	1	2	»		
Train...... { 21º train. 142º compagnie mixte	Sarrebruck.	»	»	4	»	id.	»	»	4	»		
	TOTAL...	»	»	4	»	TOTAL...	»	»	4	»		
	TOTAL GÉNÉRAL......	5	76	71	14	TOTAL GÉNÉRAL......	5	76	71	14		

RÉGIMENTS.	GARNISONS.	NOMBRE D'ANIMAUX A LIVRER		DÉPOTS ACHETEURS	NOMBRE D'ANIMAUX A ACHETER par chaque dépôt.		OBSERVATIONS.
		Selle tête (de France)	Selle troupe (d'Afrique)		Selle tête (de France)	Selle troupe (d'Afrique)	
État-major de cavalerie.	C. O. C.	6	15	Tarbes	6	»	
				Blida	»	15	

PARIS, 124, BOUL. St-GERMAIN, ET LIMOGES. — IMP. MILITAIRE CHARLES-LAVAUZELLE ET Cⁱᵉ

www.ingramcontent.com/pod-product-compliance
Ingram Content Group UK Ltd.
Pitfield, Milton Keynes, MK11 3LW, UK
UKHW022235070726
13613UKWH00004B/1950